Der Hase und die Schildkröte

von Alex ‚Lane'
Illustrationen: Laura ‚Hughes'

Der Hase war schnell.

Ihr könnt mich nicht einholen!

Der Hase lief immer.

Ich kann dich
einholen!

Der Hase düste los.

Du kannst
mich nicht
einholen!

Der Hase rannte und rannte.

Doch, das kann ich.

Der Hase machte ein Nickerchen.

Sch!

Der Hase stand auf.

Du kannst mich nicht einholen!

Der Hase rannte so schnell er konnte.

Ich habe dich nicht gekriegt!

Erzähle nach

Es war einmal …

Ende